눈물바위 틈에 꽃이 핀다

겨울 나그네

2006.1.9. Leesangtk

눈물바위 틈에 꽃이 핀다

오철환 제2시집

눈물바위 틈에 꽃이 핀다

Poetics 시학

| 賀書 |

1. 생명은 하늘의 뜻인가?

찌들 대로 찌든 지구에서 생명은 거룩한가?

생명은 온전하게 유지되어야 하는가?

시집은 망가지고 소멸되는 지구의 많은 현상 중

생명본질에 관한 무거운 소재를 무겁게 쓴

오교수의 두 번째 시집이다.

2. 시는 모든 예술에 생명인가?

적어도 오시인에게는 그렇다. 최고인 하늘神의 가치를 최상으로 표현하는 하늘의 노래[神曲]이기를 바라는 것 같다. 그러나 그렇게 표현되었는지는 의문이다. 현실을 쇠잔, 요화妖花, 상실로 못 박는 경직성이 곳곳에 보인다. 부드러운 생명을 위해 해학과 역설의 시필詩筆을 권한다.

3. 시는 언혼言魂인가?

일제 때 민족어의 말살은 국가의 쇠멸과 같았다. 지금도 말은 민족의 숨결이고 혼이다. 그중에 시는 왕의 자리에 있다. 물기 없는 감각의 껍질 속을 부영浮詠하거나, 외침의 생경에서 이를 슬기롭게 극복해 나가기를 바라며 한 편 한 편에 영혼이 가듯 담기길 희망한다. 나도 독자들도!

오철환 시인의 둘째 시집 상재를 경하한다. 제자이기도 하고 동향 동료이기도 했던 오교수가 연구실 앞을 지나다 노크하고 들어와 차茶향에 정담을 나누던 때가 그립다. 가끔 들려 시의 따뜻한 표정을 이야기할 때 발전한 그를 봤다. 참 기뻤다. 비판적인 시도 변함없고, 곧고, 맵고, 칼날같이 그러면서도 따뜻하고 선한 그의 모습은 예나 지금이나 똑같다.

둘째 시집 『눈물바위 틈에 꽃이 핀다』의 출간을 진심으로 축하한다.

2008년 10월 1일

김원경金圓卿(문학박사 · 서울교대 명예교수)

| 차례 |

1. 생명의 노래

2. 모르모트를 위한 엘레지

3. 하늘 눈동자

4. 우향우, 좌향좌

5. 나는 늘 희망 쪽에 선다

1. 생명의 노래

눈물 틈에 꽃이 핀다 - 생명의 노래 · 1

공기보다 가벼운 솔씨
절벽 틈서리에 날아들면
민대머리 핵바위는 푸석푸석
몸이 갈라지고 가랭이 틈 벌어지고

매끄럽고 뾰족한 촉수를 들이밀면
분자와 분자 사이
그 불가능의 돌 사이가 벌어지고
바람 불고 싹이 트고

실뿌리
허공에 단단히 옭매두고
바람에 매달려 사는
절벽 소나무 한 그루

솔가지 다 곰삭고 부러져도

남아 있는 한 손으로
무거운 하늘을
한 자락 눈물 손차양으로
떠받칩니다

(『시와시학』 58호, 2005. 여름.)

녹슨 눈깨비 - 생명의 노래 · 2

허파도 없이 숨을 쉬고
핏기도 없이 야위어 가는
고만고만한 숙명의 높이 가로수가
숭숭 뚫어진 가슴구멍을 드러낸 채
내일의 한기에 떨고 있습니다

(나뭇잎 우산 하나로 싸늘한
산성비를 비끼지만 폭포수처럼
하늘 갈라진 틈새로 쏟아지는
농도 짙은 아황산, 일산화 매연에
툭툭 옹치뼈처럼 불거진 암덩일
주렁주렁 매달고 서 있습니다)

빌딩보다는 키가 작아야 할
크면 잘려 나가야 할
수인의 그림자를 드리우고

오늘도 맨머리 위
쏟아지는 낙진을
한 주먹씩 한 주먹씩 훔쳐내고 있습니다

(『시와시학』 58호, 2005. 여름.)

유물론에 관하여 - 생명의 노래 · 3

하나의 세포가
어떻게 하나의 꽃잎 생명으로 태어나는지
아직도 모르고 있다, 사람들은

세포를 곧추세우면 척추가 되고
고깔을 씌우면 뇌가 되고
뭉치면 어떻게
그 하나의 세포가
쇠를 녹이는 마음을 갖게 되는지

죽지에 돋기는 팔이 되고
엉치에 돋기는 다리가 되는데
바꾸어 붙이면, 왜
다리가 위에 붙는 괴물이 되는지
괴물은 왜 마음이 착한지
아직도 잘 모르고 있다

하나의 세포가 자라면
초록빛 희망이 곧게 솟고
마음은 넓어지는데 그 넓이는 얼마인지
헤아리지 못하고 있다, 아직도
인간의 마음을 우리 시대의 과학기술은

(『시와시학』 58호, 2005. 여름.)

무너미 남촌에는 - 생명의 노래 · 4

무너미 남촌에는
주둥이 문드러진 잉어 떼
눈 빠진 부르길 무리
반쪽짜리 토막붕어
이런 슬픈 비늘을 유산으로 가진
환경 호르몬의 자식들이 득시글거리고

무너미 강변에는
거시기 길게 늘어진 도롱뇽
두개골 함몰된 개구리
머리가 둘인 샤물뱀
이런 을씨년스런 문명의 새끼들이
주린 배를 채우려고
비극의 길목을 지키기도 합니다

통째로 한입에 꿀꺽 삼키려다

쌍머리가 부딪쳐
피가 낭자하게 흘러내리기도 하고
제 배에 헛발질을 하기도 하고
동서로 갈라져 제 몸을 길게길게 찢는
생명 같지도 않은 생명들이
아픔으로 신음하기도 합니다

앞 강 그 한강 가
무너미 남촌에는
신이 버린 기구한 생명들이
제 풀에 제 살을 찢고 있습니다
죽음으로

(『시와시학』 58호, 2005. 여름.)

버리고 싶은 유산 - 생명의 노래 · 5

비정규직 노동자들이
가슴에 불안과 가난의 팻말을 달고
삶의 반대쪽 까마득한 타워크레인 위에서
죽음과 살가운 대화를 나눈다
교통비도 안 되는 일당의
한생을 청산하려고

자살이 대물림되는
크레인 하늘가에서
정규직 귀족이 보기 싫다는 노무자가
소주잔을 기울이며
투신의 순서를 기다린다
은하 반대쪽을 향해

행복이 넘실대는
크레인의 아래에는

사정권 밖의 임금 인상 소리만 요란하고
하루살이 일용직 얇은 봉투에는
살 만하다는 사람들이 비웃는
몇 잎 푼돈
가랑잎만이 가득하다

(『시와시학』 58호, 2005. 여름.)

초원의 달 - 생명의 노래 · 6

1

수간獸姦이 그리운
유목의 딸들은
초원에 보름달이 뜨면
풀내음 가득 싣고 호마를 몰아댄다
풀빛 달비린내로 초원이 뒤덮이면
서로가 하나이듯
말과 사람이 하나가 되어
꿈을 뒤섞고, 언덕에 올라
중천의 실성한 달을 먹어 치운다

2

풀밭에서는
이미 수혼嫂婚의 전통도 끊기고
말의 거시기가
휘젓고 간 자궁은 늘 불임으로

건초같이 메마른 지금
사람 같은 예쁜 말 하나 낳고 싶다던
선녀가 되고 싶다던
유목의 딸들이 하얀 뼈로 서서
말 울음소리를 기다리고 서 있다
초승달 뜬 풀밭 하늘가

(『시와시학』 58호, 2005. 여름.)

유목의 꿈 - 생명의 노래 · 7

(의성공주)

수나라 문제 때 의성공주는 돌궐로 시집을 가
계민칸[啓民可汗]의 계집이 되었고, 계민칸이 죽자
그 아들 시필칸[始畢可汗]의 계집이 되었다가,
시필칸이 죽자 다시 그 동생 처라칸[處羅可汗]의
계집이 되었다. 처라칸이 일찍 죽자 처라의 동생
힐리칸[頡利可汗]의 계집이 된 그녀는 희대의 기구한
노파계집으로 유목녀의 한 많은 생을 마쳤다.

운명이 운명의 힘으로써
낯선 운명을 만들어 가듯
유목은 유목으로서
메마른 초원에 슬픔의 집을 만듭니다
풀로 자라서, 풀로
마른 풀그림자를 밟고 가듯이
유목은 삶으로서
또 다른 근친의 허무를 쌓습니다
언제 바람이 불어

흩어질지 모르는 들꽃들
건초 메마른 외로움에
꽃술들의 긴 모가지가 휘어지고 있습니다
진종일 인적을 그리는
유목의 긴긴 기다림
자고 나면 또 동아줄같이
풀리지 않는 운명을
하염없이 꼬아대고 있습니다
정지된 시간 속
눈먼 기다림들이

(『시와시학』 58호, 2005. 여름.)

지구에서는 시간이 타 죽고 있다 - 생명의 노래 · 8

하나뿐인 지구를 불사른다
감자 대신 사람을
볶고, 튀기고, 삶고
억만도 폭발열에
끓이고, 데치고, 바싹 태운다

욕심 사나운 기술 만능주의자들
다시 플루토늄을 지피고
방아쇠를 당기면
착착 진행되는 연쇄반응
시간도 타 정지하고
열파도 버섯구름에 세상도 끝나고
지구 위에 사람은 하나같이 꽈배기가 된다

오징어처럼 손발이 뒤틀리고
이마가죽이 들러붙고

갈비뼈가 엉클어지면서
사람은 새까만 숯검댕이 도토리가 된다
백만분에 1초 그 찰나에

우주가 폭발하듯
영혼이 타 죽고
어린 생명들도
방사능 비빔밥에 차차
기괴한 괴물로 변해 가겠지!
핵이 터지는 이웃 어디에서나

(『시와시학』 58호, 2005. 여름.)

사막에 검은 비는 내리고 - 생명의 노래 · 9

(곡哭 김선일)

이라크!
모래보다 먼저 피가 튀기는 그곳에서는
참수된 평화의 피가 신문을 적시고
바그다드 통신은 늘상 칼자국이 선명하다

핏물이 뚝뚝 떨어지는 지하드의 칼 앞에
"I really don't want to die, please! please!"
목숨을 곱게 접는 눈물어린 절규에
검은 비만 내리고

보는 이마다 눈물이 메말라
인공人工의 눈물이 앞을 가릴 때
바람이 난타하는 조종소리
울음 뒤엔 숨진 생명의 꽃상여가 떠나간다

죽음을 box로 져 나르는 낙타 그 너머

바그다드 서쪽 팔루자 길가에는
지린 무의식의 날 비린내가 모래를 덮고
총알비는 하염없이 지구를 뚫어대고

(『시와시학』 58호, 2005. 여름.)

전우여 잘 자거라 - 생명의 노래 · 10

분홍빛 삼풍이 장난같이
풀썩 주저앉는 한국건축사
벽돌에 얻어맞아
얇은 창호지 종잇장같이
새가 되어 날아가는 생명들

무너지는 철근에
넝마처럼 찢겨 날려 피값도 못하고
너덜대며 펄럭이는
옥상의 영혼들

단 5초 만에 천장이 무너지고
허섭스레기가 된 생명들이
하늘층 계단 따라
다 못 산 슬픔의 온도를
한층 한층 더 높이 쌓고 있습니다

(『시와시학』 58호, 2005. 여름.)

마지막 무대 - 생명의 노래 · 17

(To Janis Joplin[1])

헤로인에 취해서 건들건들
박수에 울고
함성에 찌든 퇴물가수가
더 높게 더 세게
숨 넘어가듯 부르는
절망의 노래

"외로워요, 고독해요"
때 절은 누더기 블루스로
"나 죽고 싶어요"
알몸에 약 취한 여가수가
질척질척 부르는 'BALL and CHAIN'

이 무대에서 저 무대로
짧은 비극으로
무 썰 듯 착착 자기를 썰다 간

작은 새
즐겨 부르던 노래
한 소절도 남기지 않고
그녀가 떠나간다
아무도 모르게

(1996. 9. 20.)

1. Janis Joplin : texas 생, blues-rock 가수(1943~1970).

엄마 찾아 삼만 리 - 생명의 노래 · 34

(헌화가 · 2)

번호도 없이
난자는 거래되고
애비도 없이
자궁에선 쑥쑥 자라고

부모는 누구였지?
나와는 닮았겠지?
비단같이 곱고
환한 얼굴이겠지?

궁금한 부화장 부화 인간 햇병아리가
이 은행 저 은행
유전자은행을 기웃거리며
그리운 엄마를 찾는다
흔적 없는 바코드를 흔들며
없는 엄마를 세상에

내 어미는

미혼모였을까?

불임부부?

아니면 동성연애자였을까?

풀리지 않는 생의 방정식에

맞지 않는 답을 들이대며

수수께끼 같은 해답을 찾고 있다

(2008. 1. 20.)

서울 열섬역 - 생명의 노래 · 31

(시인 구상에게)

1

대문 밖으로 버린 폐열이
곱게 질식띠를 두른 열섬에는
불길한 연료가스
질식용 이산화탄소 같은
지구 온난화의 뜨거운 독가스들이
불바람으로 희망을 태우고

환한 천연색 동심원
무지갯빛 꽃동백 열섬에는
백만 년을 살아온 장수 할리퀸 개구리[1]나
효자 청개구리 같은 양서류들이
재앙국에 이른 것을 한탄하며
죽음 곁에 눕는다

---

1. 할리퀸 개구리 : 코스타리카에 사는 장수개구리.

2

체열이 꽉 찬 고층 아파트에는
봄, 가을이 사라져 즐겨 쓰는
詩人의 詩소재가 없어지기도 하고
꽃이란 꽃은 다 말라 죽어
꽃의 노래가 '초토의 시' 가 되기도 하는
벽 속 진공 열섬

온난화 블랙홀로 몰려드는
매미! 루사! 사라! 사이클론!
멀리 허리케인, 태풍까지
1차, 2차, 3차
나라를 휩쓰는 제트기류가 통과하는
지금 역은 서울 열섬역!
그 다음 역은 불행저승역입니다

(2007. 7. 1.)

2. 모르모트를 위한 엘레지

모르모트[1]를 위한 엘레지 - 생명의 노래 · 36

주사기를 들이대면
예에 있어요 따뜻한 피 한 방울
목줄로 대답하는 모르모트

혈청이 필요하세요?
꽂으세요 주사바늘 쿡!
슬픈 체념의 눈길

어두운 실험실이 전 생애였던
그날 그 시간
쓰레기통으로 가기 전
저승길의 슬픈 눈빛 기도

(전임상[2]을 위해
한 점 면역을 위해
죄 없는 단명이 제 숙명이었습니다)

장례식이 생략된

짧은 침묵 뒤

이승에서의 마지막 눈물인사

"인간들아! 잘 있어라"

(2007. 10. 5.)

---

1. 모르모트(mormot) : 기니피그(Guinea pig)의 잘못된 이름, 흰쥐 마못(marmot)으로 잘못 붙여짐.

2. 전임상 : 사람 접종 전의 동물실험.

미투나 상像[1] - 생명의 노래 · 12

(헌화가 · 4)

암나사가 터지도록 수나사를 밀어
넣는 권력남용에도 면죄부를 척척
써주는 카마[2]신神

한 겹 한 겹
활짝 꽃잎을 열어젖히고
피스톤이 상사점에 이르도록
이르러 폭발하도록
기름을 붓고

코르셋이 찢어지게
물컹 틀어쥐고 돌진하게
성수性水를 들이붓고
볼기짝을 밀어대는
성교본 카마수트라[3]

기관차도 젖고

레일도 젖고

밤새 달리면

헐떡이는 터널

신음소리 요란한

카주라호[4]입니다

사정없이 짓찧고 눌러

밤이 찰떡이 되면

인도에서는 꾸역꾸역 쏟아집니다

일 억의 병아리가 배란도 없이

(2004. 8. 26.)

---

1. 미투나像(Mithuna) : 카주라호에 있는 남녀교합상.
2. 카마(Kama) : 애욕의 신 神.
3. 카마수트라(Kamasutra) : 인도의 성교본.
4. 카주라호(Khajuraho) : 인도 중북부의 지명.

정승과 술탄과 마피아의 이야기 - 생명의 노래 · 51

1

양반 댁 규수를 납치한 종놈이

온통 몸지문을 찍어대며 둥근 달을 키워갈 때

정승은 연놈을 잡아다 생매장을 했다더니

소리소문 없이 한밤에 부정의

씨란 씨는 다 말려 버릴 작정이었다더니

2

남자의 $\frac{1}{3}$ 포옹만 사랑하는

함께 사는 세 여자들

사랑을 버리면

그녀는 전과자로

눈을 빼든 목을 치든

명예살인은 정당하다

"여자는 죽여도 좋은 허가된 동물" 로

눈먼 사막의 믿음에서는

"남자 가치의 절반" 도 안 되기에

3

총도 없이 살인을 일삼는 말론 부란도
눈을 흘기기만 해도 연발기관총으로
가문 일족을 몰살하는 대부의 졸개들
시칠리아의 거만한 이름과 돈과
자존심을 위해서는
벌집을 만들어도 좋다 상대방을

(2008. 1. 29.)

아름다운 서울 - 생명의 노래 · 33

(남산 제1호 터널)

칼벽을 아시나요?
우리들 가슴속에 세워진

강남과 강북의 경계는
물금 깊은 한강이 아니고
터널의 상향과 하향 사이
서로 넘보지 못하는 절벽이란 걸

시공기술이란 것도 차별이 있어
남에서는 휘파람을 부는데
문 안으로 들어오는 당신은
매연에 마스크를 하고
폐병을 조심해야 하는 것도
그럼 잘 아시겠네요?

서울 시민 여러분!

눈 매운 너구리굴 옆에
상하행이 같이 드나드는
토끼굴 하나 더 뚫으시죠?
편리라는 이데올로기의 완성에도 좋고
'강남북' 고정관념을 허무는 데도 좋게

(2007. 7. 4.)

봄판화, 2007 - 생명의 노래 · 35

(아기돼지 능지처참)

이천에서 실려 온 새끼돼지
데모대 왁왁대는 울타리에 갇혀
휘둥그레 눈을 굴리다
아차라는 칼날 위에
서 있는 자기를 보고 놀란다

다리를 묶고
사방에서 당기는 밧줄
몸 찢어지는 마지막 비명
나 죽어요! 나 죽어요!
국방부 앞은 온통 피의 굿판이 되고
눈물 없이 분노가 찍힌다

걷어붙이고 달려들어
명줄 내리긋는 날선 면도날
히히대며 술 취한 듯

도취한 듯
마지막 숨줄을 토막 내는
일그러진 데모 군상들

신성 모독의 살인마같이
생명을 잘라내는 우리의 광기는
지워지지 않는
어느 화려한 봄판화의 끝 장면인가?

(2007. 5. 25.)

신불자信不者, 행불자幸不者? - 생명의 노래 · 11

경제 원칙을 지키겠다고
신용불량자信不者가 맹서하는 그날은
자본주의의 차가운 자본헌장에
가는 목을 매겠다고 서약하는 날입니다

월급을 칼로 쳐 이자를 받아 가며
원금 청산 날벼락에 예! 예!
갚겠습니다, 적어 놓은 그달 그 날짜에
마음을 다치는 날입니다

커진 빚구멍을 노랑카드로 안 되면 빨강카드로 이리 돌려 막고 저리 틀어막던 시대는 까마득한 옛날입니다 동전구멍보다 카드구멍이 더 많은 빚세상 원금의 아들변 손자변을 위해, 뺑치기 이자경제를 위해, 서슬 퍼런 거래질서 엄수를 위해, 갚다갚다 갚지 못하면 구차한 목이라도 마저 콱 찍겠다고 충성스런 자살을 합법화하고 돌아온 날입니다

무일푼의 신용불량자信不者는

영원한 행복불량자幸不者가 되어
멀어져 가는 행복에, 마냥
손만 흔들겠다고 다짐한 날입니다

(2004. 3. 19.)

슬픈 짐승 인간돌리 - 생명의 노래 · 32

난자를 찾고 있다
내일의 얼간이들이
팔을 걷어붙이고 속속들이
자궁 속에 현미경을 들이대고

핵을 반짝 들어내면
기술技術이 살게 될
난자는 텅빈 복제 틀
과학자들이 고대했던
윌머트[1]의 끔찍한 복제공간이다

정자나 체세포나 그 무엇이나 복제 공간에 밀어 넣고, 좋은 게 있으면 또 멋대로 밀어 넣고, 스파크 확실한 전기 충격 한 방이면 키스 없이도 사랑은 끝나고 낯모르는 수정이 완성된다 세포가 증식되고 영양분이 공급되면 그곳에서는 보도 듣도 못한 기괴한 괴물이 자란다 사람과 소가 붙고, 돼지와 사람이 붙고, 개와 고양이와 사람이 한데 붙고, 붙어 자라면 잡종이나 괴물인간이 된다 신이 죽은 별천지가 된다

그대여! 미래가 그립거든 복제 틀에
네 체세포를 밀어 넣고 스위치를 올려라
네 카피가 출력되나?
신神이 죽나
슬픈 짐승 인간돌리가 복제되어 나오나?

(2005. 7. 25.)

1. Ian Wilmut : 1997년 2월 복제양 Dolly를 탄생시킨 생명과학자.

꽃들과 해적선을 위한 조사弔辭 - 생명의 노래 · 27

(텐유호[1] 실종 8주년에)

1

높은 음으로 지구가 색소폰을 불면
말라카 해협[2]은
물이 넘치고 칼날이 번쩍이고
달빛 위로 바다가 칼을 물고 쓰러진다

달이 기울고 파도가 잦아들면
깃대를 바꿔 단 해적은 총집에
총을 집어넣고 화물선을 예인한다
물에는 덩치 큰 상어들이 지나가고
선한 선원들이 죄 없이 수장되고

2

깃대를 바꿔 단 선박은
조용한 지구 뒷골목 어디쯤 정박하고
선체는 깊은 미궁으로 빠져 든다

아체[3]나 동중국해 소말리아 어딘가에
물건 따로 엔진 따로
은밀한 거래를 위해
아침이면
신속한 포장이사가 준비되고
짧고 빠른 화물들의 장기이식이 진행된다

3
동남아 시끄러운 벼룩시장에 들르면
눈에 익은 핸드폰, 노트북, 냉장고
성능 좋은 자동차나 요트도
떡값에 거저 건질 수 있고
동지나 어딘가에는
선한 선원의 영혼이나
사나운 사람의 마음보褓도 주울 수 있고
물대포를 쏘아대던 갑판원의
처연했던 마지막 운명도 구경할 수 있다 (2006. 10. 13.)

1. 텐유호 : 한국인 선장과 선원 14명이 탄 배로 말라카 해협에서 실종되었다(1998. 9. 27).
2. 말라카 해협 : 말레이와 인도네시아 사이 해협으로 세계 제일의 해적 출몰 지역.
3. 아체 : 말라카 해협 끝에 위치한 인도네시아 항구.
* 상황 : 1998. 12. 23. 중국 장가항(張家港)에서 폐선으로 발견.

온라인 묘비명 - 생명의 노래 · 15

네 혀를 또렷이 굴려라
워싱턴 표준영어로
북경어 왕서방 중국어로
소실점 하나 없이 매끄럽게

구르는 말을 들고
손바닥 핸드폰에 들어서라
검색어는 최신 제국어로
ID 입력은 케이블용 광속어로
무장이 됐거든
빛총을 들고
시간이 질주하는 지구화의 출발선에 나서라

그 질과 양과 너의 머리가
온라인 세계를 지배한다
막히면 서둘러 콘텐츠를 바꿔라

넉넉한 재물과 행복재생산은
시간과 속도와 네트워크의 함수다
서툰 네 말을 벼려라

덜컹대는 민족어는 산송장이니
김치를 먹더라도
매끄러운 메이저 언어를 잘 익혀 둬라
진짜 경쟁력은 확신에 찬 네 언어이다

(2005. 4. 21.)

섹스로봇의 윤리 헌장憲章 - 생명의 노래 · 37

(헌화가 · 3)

제1조 정의

로봇은 인간이다. 차세대 섹스로봇을 누구든 생의 반려자로 맞을 수 있다. 살갑게 비비고 빠는 밤의 감촉으로 로봇과 섹스를 즐기고 살도 섞고 함께 추억의 밤도 만들어야 한다.

제2조 조건

불붙는 몸과 섹스의 동반은 성령性靈과 물질의 기술 조화로 음순과 맛깔 나는 질은 옹녀의 옹녀 그 이상이어야 한다. 꾸준한 전후, 좌우 왕복운동을 실시 실감 나는 성性가정을 꾸며 섹스로봇 전성시대를 만들어야 한다.

제3조 유의

살과 입술의 스킨십이나 질의 수축은 오르가슴에 이르는 마찰 전류이니 진한 감정에 따른 과전류에는 절대 조심해야 한다. 너무 강한 섹스감전이 예상될 경우에는 이심전심차단기를 설치하라.

제4조 권리

인간이 하고 싶다면 쾌히 응해야 하며 왕복운동이 신통치 않을 경우에는 합의 이혼할 수 있다. 강도나 피스톤의 굵기나 그 크기가 불만일 경우에는 탄력과 수축이 원활한 부품으로 교체한다.

부칙

남창로봇도 이에 준한다. 로봇섹스는 자위나 외도가 아니며 그 어떤 성性도착도 또한 죄가 아니다. 감전사의 경우는 열정의 과잉이기에 쌍방 무죄이므로 책임 전가는 금한다.

(2007. 11. 3.)

3. 하늘 노동자

블랙홀에는 수평선이 없다 - 생명의 노래 · 39

소용돌이 쓰나미[津波][1] 속
어디쯤에서
그대는
어떻게 그렇게 슬픈 아리아를 부르시나요?

RPM 백만의 블랙홀
절규 속 어디쯤에서
당신은 어떻게
그처럼 아픈 종말의 아리아를 부르시나요?

반다아체에서 시작한 잔물결
절망의 끝은 보이질 않고
천 길 파고는 동남아를 삼키고
인도로 아프리카로
등가죽을 드러낸 채
폭풍우는 차례차례 지구를 점령하는데

전멸의 물청소는 계속되는데
더 이상 시간이 흐르지 않는
인도양 어디쯤에서
세상이 끝나는 흐느낌으로
그대는
또 어떤 꿈의 아리아를 부르시려 하나요?

(2006. 12. 1.)

1. 쓰나미(津波, Tsunami) : 지진해일.

하늘 눈동자 - 생명의 노래 · 52

(2008. 3. 14 티베트 독립운동에 부쳐)

티베트에
풍장 가는 길은
문성공주[1]의 얘기
귀 따갑게 듣는 길이고

순례의 하늘 가는 길은
오체투지
깨진 무릎으로 기어가는
라싸[2] 가는 길이다

윤회인 수레바퀴만 믿고
자벌레처럼
창포강[3]을 건너는
순백의 무리들

만세소리 묻혀 가는 오늘은

인도로 떠나던
어린 달라이 라마의 망명행렬을
주민보다 더 많은 인민군人民軍들이
물끄러미 바라보고 있다

(2008. 4. 22.)

---

1. 문성공주 : 토번吐蕃의 송첸캄포와 결혼한 당 태종의 공주.

2. 라싸 : 티베트의 수도.

3. 창포강 : 라싸를 따라 흐르는 강.

무녀기술촌의 병아리 인간 - 생명의 노래 · 55

(저출산 소고 · 1)

한국의 평균 출산율은 1990년에 1.6명,
2000년에 1.4명, 2008년에 1.2명으로
U.N. 193개국 중 최하위다

1

아기 울음이 일제히 떠나 버린 마을
내일이 다시 올 수 없는, 아흔아홉 노인들
그 몇 명만이 웅성거리는 백발의 마을에
은도금 금도금 인공자궁이 설치되고
태어날 아기를 위해 노인들은 기립박수를 친다

무통무산의 뒷걱정을 쓸어낸
노인들의 닐릐리
우렁차게 울려 퍼질 때쯤이면
회로시험도 끝나고
준비완료의 점등 소리소리 요란하다

2

스위치를 꽂고 ♀ ♂ 수정이 끝나고
군인이면 군인으로, 일꾼이면 일꾼으로
끼리끼리 유전자가 조합되고 양수가 공급되면
그들이 원하던 병아리 인간이 태어난다

병아리 울음이 환영받는 이 마을
정자은행 난자은행 우후죽순 들어서고
수백 명씩 부화하고 깨어나는 사람의 마을은
기계병아리 울음소리 시끄러운
다산多産 무녀기술촌無女技術村이다

(『시와정신』 23호, 2008. 봄.)

장밋빛 인생 - 생명의 노래 · 16

(저출산 소고 · 2)

미래란 말이 사라질 땐 우리 중 누군가가
크게 외치겠지 스스로 우국지사가 되자며
(남자도 월경합시다
가임으로 출산율을 높이고
가슴에 유방을 답시다)

대가 끊길지도 모르는 쓸쓸한 가계家系
미래가 우울한 8대손
절망의 한 할아버지 희망은
(야! 안 되겠다 여성 없는 출산이다
인공부화장을 만들자며 소리치겠지)

구멍마다 비아그라를 밀어 넣어도
길처럼 희망은 먼 길로 멀어지고
문득 앞을 가로막는 종말에
(부랴부랴 백씩 천씩

인공자궁이 다량생산을 시작할지도 몰라)

그때는 인간 복제도 허용되고
유전자도 섞고 비비고 조작하고
개, 돼지에게서 사람도 태어나고
족보에 9대손은 개새끼가 등록될지도 몰라
진화가 역회전하는 한국 그 어디쯤에서는

(2005. 6. 23.)

경제를 세일합니다 - 생명의 노래 · 45

희망 햇빛을 다발다발 묶어
복덕방에서 세일을 합니다
목 좋은 남쪽
꽃 피는 쪽은 그대가 살고
피래미들은 건너편 산동네에
감사드립니다 사는 것만으로도

평화로운 율도국硉島國에서도
기적이 일어날 때면
기적 옆에
더 큰 경제가 서 있고 경제를 우러르고
활빈活貧의 똘마니들도 감탄합니다
와, 우리들도 잘산다! 외치며

보이지 않는 손[1]에 손잡고
온 세상이 넙죽넙죽 절을 합니다

꽃도 물도 새도 하늘도
깊게 몸을 기울이며
경제에 경배를 드리고
허리를 굽혀 감사드립니다

우리 모두
빛 밝은 남쪽을 향할 때
새벽잠이 깬 비둘기들도
구구구 목 좋은 남쪽을 향해
머리를 조아립니다
"짜식들아
중요한 것은 경제야,[2] 경제!" 라며

(2008. 5. 27.)

1. 보이지 않는 손(an invisible hand) : 『국부론』에서 사용한 A. Smith의 경제 용어.

2. 모 선거 캠페인.

서울 오감도 - 생명의 노래 · 53

스모그가 발령 중입니다
낮게 소나기 먹구름을 타고
산성비가 곧 쏟아질 예정입니다
서둘러 우산을 준비하시고
가능하면 서울 문밖으로 떠나시지요

암을 매단 직사광선이
서울 상공 무늬구름을 뚫고 있습니다
고공 적운 오존층 사이로
몸 구석구석 전신에 퍼질
대책 없는 살인광이 곧 쏟아질 예정입니다

한 주먹씩 빠진 머리털을 수거하느라
전국 청소차가 모두 동원되었답니다
코뼈는 주저앉고
목줄은 땅기고

환자를 나르느라 앰뷸런스도 동나고

토마토 볼로 툭툭 불거질지도 모르는
암 발생 서울형 스모그가 발령 중입니다
대도시 특급 변종으로 치료 불가능한
요주의 스모그이니
가능하면 서울을 떠나시지요

(1996. 9. 14.)

Doomsday Clock[1] - 생명의 노래 · 40

온 하늘 물들이는 황사
피어나는 중금속 안개꽃
추적추적 쏟아지는 산성비에
종말의 시계는
적색경보를 보내고

보랏빛 빛 반사하는
무거운 수은 증기에
지구는 뇌성마비로 오그라들고
종말의 시계바늘은
초침 보이지 않게 달음박질이고

땡볕 쏟아 붓는 폭염에
저항 없이 오존층은 갈라지고
더위 먹은 지구는 허덕이고
빨리빨리 시계는 곤두박질이다

핵빛 빛무등을 타고 솟는 빨간 우산
전쟁 쪽으로 몰려가는 적색구름
세계는 방사능을 뒤집어쓴 채
red red sky
종말의 시계는 5분 전으로 치닫는다

(2007. 11. 20.)

---

1. 지구종말의 시계(Doomsday Clock) : 지구 최후의 날 자정子正에 맞춰진 미 시카고대에 설치된 시계, 9분 전에서 9 · 11테러로 7분 전이 됐다.

칭기즈칸 로드에는 중세 몽고 기병들이 멈춰 서 있다

- 생명의 노래 · 42

(아프라시압[1] 언덕에서)

풀 한 포기 없는 중앙아시아 사막에는
중세 기병들이
아직도 그림자처럼 서성이고
팍스 몽골리카 깃발이 펄럭이고

화살 하나에 적 하나씩
칭기즈칸이 전쟁경제학을 쓰던
아프라시압 아련한 언덕에는
피가 노을처럼 아름답다

식량 끊고, 물 끊고
투석기에 아이 묶어
아이포를 쏘아대던
피밭, 피범벅의 호라즘 사마르칸트[2] 언덕에는

양고기에 양젖 내음

말고기에 말젖 내음

인육에선 사람 피내음을 쏙쏙 뽑아낸

유목의 풀내음만 가득한데

지금도

발에는 끓는 물이 채이고

솥에는 사람 튀길 기름이 끓고 있다

천하를 호령하던 깃대에는

줄줄이 해골이 꽂혀 있고

해자[3] 앞에는

몇 세기를 정지! 시키던

칭기즈칸의 촉루가 우뚝하다

(2002. 12. 6.)

---

1. 아프라시압(Afrasiyab) : 우즈베키스탄 사마르칸트에 있는 언덕.
2. 사마르칸트(Samarkand) : 1220년 3월 몽골이 포위, 함락 후 회생 불능의 도시로 만듦, 남쪽에 신도시를 건설 현 사마르칸트가 됨.
3. 해자垓字 : 성 밖으로 둘러 판 못.

자서전 - 생명의 노래 · 50

(유라시아 유민사流民史 · 5)

불타는 조국을 뒤로한 채
열 살이었던가?
합방이 발표되던 그때
눈 덮인 북녘 어두운 희망을 안고
한 가족이 서러운 두만강을 건넙니다

갈고 파고 청춘을 일구던 연해주
이주명령 날벼락이 떨어지던 날도
홑겹데기만 걸친 채 모래밭을 갈다
시키는 대로 한 몸 짐짝이 되어
중앙아시아행 수송열차에 올라탔습니다

모래방주에서
단지 무명빛으로만 살고 싶었던 저는
또다시 설 땅을 잃었습니다
까레이스키들아 가라! 돌아가라며

자치국들의 날선 독립선언 칼바람 뒤

1991년은 피멍든 구십
집 잃은 저는 어디로 가면 좋겠습니까?
하나 둘 다시 추억의 땅 연해주 쪽으로
발길을 옮기는데 사막개미인 저는
가다 늙어 이제 죽을 것만 같습니다

(『유심』 33호, 2008. 여름호.)

당신은 누구십니까? - 생명의 노래 · 49

(유라시아 유민사流民史 · 6)

전선 없이 센서가 붙고
이유 없이 정보원이 뒤따르는
까레이스키 그대들이여, 당신은
누구십니까?

발자국 하나에도 KGB의 신호음이
흔드는 손짓 바람결에도 암호가 붙는
수인 번호 선명한 노랭이
동방의 Yellow Monkey
당신의 고향은 어디십니까?

하소연에도 반동의 붉은 딱지가 붙고
눈물의 굵기에도
중얼대는 취기에도
잔인한 운명의 명암이 엇갈리는
꺼우리방스 고려인들이여!

갓 태어난 울보에게도 비밀번호가 붙고
헛소리에도 전파가 튀기는
까레이스키 당신들의
무번의 옥탑방은 어디입니까?

(2003. 5. 20.)

망명객과 보리차와 맥주

(테헤란 가는 길 · 1)

1

알코올을 즐기는 사람들이
몰래 술을 마시다 들키면
"캔은 술이 아니고 보리찹니다"
맥주가 금지된 이 나라에서는
베두인[1]들같이 능청을 부리고
알코올 없는 맹탕 보리차를
시원한 이란맥주로 권합니다

2

술 마시는 것도 종교인지라
술탄은 넘어가는 보리차 한 모금
입 안에 술 한 방울까지 조사합니다
근엄한 그는 늘
"In The Name Of God"
술은 안 돼! 뱉었으면 남고

싫으면 훌쩍 떠나라고
옆구리에 슬며시 칼을 댑니다

3
민주화 이란 떠돌이들
유럽 뒷골목 여기저기 흩어져 부르르 떨다
끼리끼리 모여
"독재의 나라 이란 축구 박살나거라!
깨져 쪽박되거라!"
슬픈 조국의 패전을 외치고 있습니다
독일 월드컵 D조
이란-멕시코 예선전에 앞서

(2006. 7. 20.)

---

1. 베두인(Bedouin) : 호전적이고 자존심이 강한 아랍계 유목민.

Royal Garden의 추억

(테헤란 가는 길 · 2)

지상에서 가장 아름다운 정원
압바시[1] 로열가든[2]에는
페르시아 달빛 한 아름
신의 은총 한 가마
술탄들의 이야기 별길 따라 흘러가고
사프론[3]에 취한 늙은 대상은
마냥 잠들지를 못한다

오아시스 중에 오아시스
하늘을 잇는 물분수
늘상 신기루인 로열 아랍가든에는
온 세상 캐러밴들의 발길이 머물고
밤새 먼 나라의 전설이 끝없이 이어지고
짐 풀고 짐 싸고
가고 오고

풀꽃통행증을 내밀면
입구는 사파비[4]의 아롱진 달빛별빛
천천히 아라베스크 오색 꽃관문을 지나면 그곳은
잠시 세월을 잊어도 좋은 캐러밴서리다
분수길을 따라 낙타의 뒷등을 넘으면
바로 거기
조그만 천국 중에 천국

(2007. 11. 25.)

---

1. Abbasi : 사파비왕조의 대왕(Shah Abbas I세)에서 유래, 이스파한(Isfahan)의 거리.
2. Royal Garden : 캐러밴들이 묵던 여관(caravansari)을 원형대로 복원 개축한 압바시 호텔 내 큰 정원.
3. Saffron : Saffraan 꽃에서 채취하는 착색, 방향료.
4. 사파비왕조(Safavid dynasty, 1587~1723 A.C.) : 이스파한에 수도를 정했던 왕조 명.

신화의 하늘은 지금도 불타고 있는가?

(테헤란 가는 길 · 3)

1

쉬라즈[1] 언덕에 오르면 보스포루스 너머로
크세르크세스[2]가 집어 던진 불덩이가 보인다
타오르는 불꽃 속에 맥없이 주저앉는 아테네
돌멩이로 구르는 파르테논의 파편들

순국의 순정으로 이어지는 아우성
타도 페르시아! 승리 그리스, 그리스 만세!
신탁의 결전에 폭삭 주저앉는 페르세폴리스[3]!
그리고 시작되는 너와 나의 오리엔탈리즘
"동양 → 야만, 서양 → 승리" 란
칼금 사고

바람도 어쩌지 못하는
이라크, 아프간의 긴 포연 속에
개씨바리 배시시 웃는 전쟁만 이어지고

오늘도 누군가는 꼬부라진 역사를
꼬부라진 아랍어로 기록하고 있겠지?

2

불에는 불, 칼에는 칼
아테네가 불이면 페르세폴리스도 불이야!
알렉산더의 공성포에 춤추는 불너울
하얗게 자지러지는 페르시아

"이 땅은 내 땅 이 시대는 내 시대"
정복의 소매깃 긴 너울춤에
페르세폴리스는 잿더미가 되고
불파도에 힘없이 돌기둥이 쓰러진다

쉬엄쉬엄 아파다나[4] 돌계단에 오르면
사막 넘어 멀리 사신의 나라
감아도 감아도 아지랑이 너머로

보이는 조공의 긴긴 행렬

고막을 때리는

낙타의 방울소리가 오늘도 요란하다

(2008. 1. 6.)

---

1. 쉬라즈(shiraz) : 이란 중남부에 위치한 도시.

2. 크세르크세스(Xerxes) : 다리우스 1세의 아들로 아테네를 침공 방화(B. C. 480).

3. 페르세폴리스(Persepolis) : 페르시아 아케메네스 왕조의 수도. 궁전, 후궁, 창고, 알현전, 100개의 기둥궁궐 등으로 구성됨.

4. 아파다나(Apadana) : 각국 사절들의 알현 궁전.

대왕大王의 길을 열다

(테헤란 가는 길 · 4)

I am Darius, the Great King
King of Kings, the King of Persia[1]

나는 모든 싸움에 승리했노라
내란을 평정하고
열아홉 번이나 세계 정복에 나섰노라

반기를 든 가우마타[2]의 팔다리를 짓밟고
거짓을 일삼고 항복을 거부한 왕들의
그 죗값을 물어 밧줄로 줄목을 매
지옥의 문턱까지 끌고 왔노라

보라! 분명한 OK와 NO로 세상을 뛰어넘는 대왕의 손을

(2008. 2. 17.)

1. 베히스툰(Behistun) 비문 : 에크바타나에서 케르만샤에 이르는 도로변 절벽에 기록된 비문.

2. 가우마타(Gaumata) : 키루수(Cyrus) 대왕의 아들로 반란에 가담 다리우스 1세에 의해 살해됨(B.C. 522).

4. 우향우 , 좌향좌

우향우 좌향좌 - 생명의 노래 · 58

사철 궂은비만 내리는
당뇨에 고혈압인 반도나라!
끊어질 듯 아픈 허리
오늘도 칼금 그어대고
난 이쪽 넌 저쪽

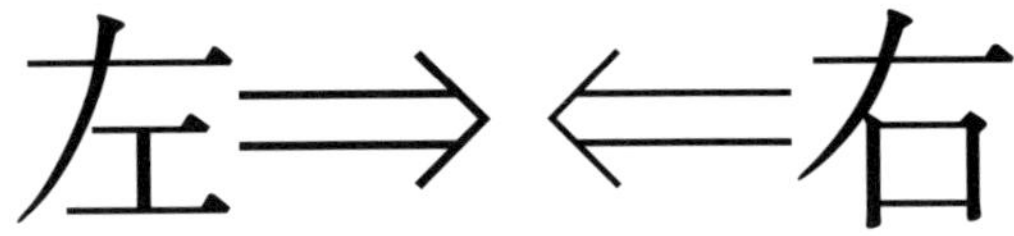

너 다르고 나 다른
그곳에는
어느 낡은 민주주의의
조종이 울립니다

(2007. 5. 17.)

이념 무지개 - 생명의 노래 · 54

만져보면 단단했던 눈먼 이념들
아편처럼 파고드는
너와 나의 아픈 상처들

달빛 감옥에 갇혀
당의 테제에 불복했다고
불복하고 탈출했다고
사방에서 불 뿜는 총구의 섬광이
천연색으로 선명하고

조직을 위해, 조직 부흥을 위해
석유를 뿌리고 신나에 불붙여
조직원을 창밖으로 떠밀던
피도 눈물도 없는 노동시장의
절규는
핏빛 무지개로 뼈가 시리고

오늘도 서울 상공에 떠 있는
"이다" "아니다"의 이념 무지개는
청계천 양옆
벽 속의 똥물따라
광화문에서 서울역에서 을지로에서
원수처럼
증오의 검정무지개로 하염없이 완성된다

(2008. 1. 13.)

금지된 장난 - 생명의 노래 · 29

(조승희[1]의 버지니아 공대 총격에 부쳐)

나는 방아쇠를 당길 권리가 있다
정직한
정당한

"나를 십자가에 못 박고
내 머리에 암 덩어리를 집어넣고
영혼을 갉는"[2] 이 땅
이곳의 구원자는 이스마일[3]이니

나와 함께 공부하는
버지니아 공대생 너희들은
마땅히!
구원자의 총에 맞아 죽어야 할
천부의 의무를 갖지 않느냐?

그리고

지구 반대쪽 어디에선가
화면을 바라보고 있는 우리는
양심 한 조각에 기대어
쉽게 울고
슬퍼해야 할 죄가 있지 않느냐?

(2007. 7. 8.)

1. 조승희(1984. 8. 18.~2007. 4. 16. 서울 출생) : 1992년 11월 미국 이민, 버지니아 공대 영문과 4학년(23세) 학생으로 2007. 4. 16. 교수 5명과 학생 27명을 사살하고 자살함.
2. 본인 동영상 발언 중 일부.
3. 이스마일 액스(Ismail Ax) : 본인의 호칭.

역주행 - 생명의 노래 · 30

1

자동차 하나가 차고를 나섭니다
아차! 하는 사이에 생의 삼거리에서
잘못 접어든 길을 내리 달립니다
유턴이 어딘지 모르는 그가
세상 끝으로 역주행을 시도하고 있습니다
꽁무니를 길게 빼고
죽음이 엎드린 중앙선을 넘으려
있는 힘을 다해 핸들을 잡아 돌립니다

2

혁명아들이
부조리한 사회를 바꾸겠다며
먼먼 세기의 개혁길에 접어듭니다

사랑보다 먼저 혁명을

전체보다 많은 10%를
일보전진 백보후퇴
신 지핀 붉은 의지로 휘몰아 갑니다

꿈 쪽 유토피아 가는
환한 이 길
세상길은 모두 지옥이라며
피 홍건한 역주행을 결행합니다
빵과 평화와 토지의
재분배를 위한
섬뜩한 재판인민의 간판을 내걸고

(2007. 5. 17.)

울음도 숙이는 고개 - 생명의 노래 · 14

(John Vink 作, Magnum展에서)

제왕의 이름으로
빈 공기를 줬다 뺏는
보릿고개의 나라에서는
스푼으로 왕국을 건설하고
통치하고

충성으로 이어진
이데올로기의 긴긴 교육시간 뒤에는
잠에서도 밭 갈고
꿈에서도 총 들고

미음을 줬다
뺏었다, 혀에 닿기도 전에
밥그릇을 채뜨리는 지상낙원에서는
공포의 허기를 잊기 위해
깡통에 대고 우렁찬 군가를 부른다

여기저기

피다 버린 그리움 같은

혁명이

평등으로, 행복으로 쌓이는 그 시간은

안단테 하얀 현이 흐느껴 우는 시간이다

(2005. 3. 24.)

풀리지 않는 매듭 - 생명의 노래 · 22

(시인 김규동에게)

휴전!이란 말에
벌떡벌떡 오늘도 잠이 깨는
실향이 직업인
'후반기' 모더니즘 테러리스트
지금도 그리운 고향꿈 꾸시나요?

"아우야! 통일의 날은 온다
회령 땅 밟을 그 날은 오고 있다"
오늘도 당신이 쓴 퇴색된 신문지 속
활자 데모대 앞에서
달리지 않는 녹슨 기차를 기다리는
우리들의 시인

서울에 오래 살아
서울이 고향이 된 서울사람
이젠 서울 시인 김규동 선생 맞지요?

아직도 미해결인 추억들은
어쩌지요?

그냥 그렇게
지금처럼 어정쩡하게
매듭은 매듭대로 남겨 놓고
내 책임 없다며 남북 모두 나자빠지면?
어쩌지요? 세월만 앗아 가고
회한만 남겨 놓고

(2006. 10. 10.)

1994년 6월, 불발의

장안에 쌀이 동났다
창고째 몽땅 트럭째 소리 없이
태풍으로 부는 원자탄
평양발 전쟁바람이 서울을 강타한다
라면 한 봉 살 수 없게

동해에는 항공모함이
F-16은 오키나와에서 발진한단다
카터와 김일성이 만났다는데도
핵광풍이 반도를 집어삼키고 있다

아파트를 둘러메고
처자식을 꿰차고
번개같이 거인이
엘리트가 비행기를 잡아탄다

얘들아 전쟁이란다
나 잘 도착했다
어서들 떠나거라

연신 튀는 LA발 따발총
전화탄을 맞은 사람들이
들쑤시는 장안은 온통 벌집이다
6 · 25 전야같이 가슴 두려운

(『유심』13호, 2003. 여름.)

만탑산 수평 갱도에 지핀 불은 - 생명의 노래 · 24

(2006년 북한 지하핵실험에 부쳐)

만탑산

핵화로에 집어넣는 플루토늄은

색도 맛도 없는

도깨비불입니다

빛에 스치기만 해도

사람은 익고

시간은 타고

세상 재 되고

너와 내가 같이 살다

같이 타 죽어야 할

불나라 핵나라

화염 휩싸인 배화의 핵불나라

등줄엔 식은땀이 흐르고
자전이 잠시 멈추는
종말의 사중주[1]가 유난히 큰
한글날 아침

TV는 뉴스를 퍼 나르고
눈에서는 불구덩이
오늘이 타고
멋모르는 남산에 나뭇잎은
해맑게 어제같이 흔들립니다

(2006. 10. 9. 아침.)

---

1. 세상의 종말을 위한 4중주 : 1941. 1. 15. 포로수용소에서 초연된 올리비에 메시앙 곡.

붉은 숲 - 생명의 노래 · 20

(체르노빌[1] · 1)

지금도
체르노빌 남쪽에는
피폭된 붉은 백양나무가
고통을 매단 채
숲 밖을 서성이고

아픔이 쌓이는
슬라부티치[2] 시민들은
잎 없는 숲을 거닐다가
죽음의 문으로
떼 지어 몰려갑니다

비에나 빛에나
'안 돼요'에 노출된 에미들은
DNA가 어긋난 불구아를 낳고
방사능 젖을 짜 주고

소리 없이 죽음으로 쓰러집니다

세상을 등진 채

오늘도

(2006. 6. 25.)

---

1. 체르노빌 : 구소련 우크라이나 공화국 북쪽 도시.

2. 슬라부티치 시市 : 체르노빌 북동쪽에 위치한 도시 명.

* 원자로 폭발일 : 1986. 4. 26. 오전 1시(현지시간).

* 위치 : 체르노빌 서북쪽 18km의 프리피야트.

에덴의 추억 - 생명의 노래 · 25

(체르노빌 · 2)

베어 먹던 빵조각 속에나
카펫 위에 층층이 쌓여
생명을 비틀던 방사능은
다 씻겼는지?

피폭된 이웃들이
영원한 망자의 이름으로
그리움 찾아 돌아온 고향에
보따리는 풀어도 되는지?

눈사람의 헤픈 입가에
주렁주렁 매달린 고드름
녹아 방울방울 떨어지던 방사능
반감기는 언젠지?
이제는 밟아도 되는지?

궁금증은 쌓이는데
석유는 고갈됐다며
대안은 원자력이라며
지구엔 또 다른 체르노빌을 짓자는데
지구가 좁다며 화성까지 가 짓자는데

(2006. 6. 26.)

마음길 가는 대로 - 생명의 노래 · 57

(장기 시장 · 1)

1

간에는 뾸혹이, 장에는 물혹이

더덕더덕 만발한 인간들이

인육의 푸줏간으로 몰려든다

머지않은 내일을 기다리는

맘 아픈 사람들도

매물로 나온 소망초 장기 하나 사러

시장엘 간다

돌아서는 발걸음은 무겁고

뒷걸음은 허전하고

2

세월보다 훌쩍 커 가는 장기시장

장생長生의 부위만 치켜들어도

펄럭펄럭 지전이 나부끼고

뭉치로 수표다발 휘젓는
인육의 골드러시

책상을 칠 때마다
튀는 건 값이고
소리쳐 흔드는 건 장수長壽
'사세요' 깃발이
화장실마다 펄럭인다

(2007. 11. 11.)

Body Shop - 생명의 노래 · 38

(장기시장 · 2)

콩팥 하나 팔아야
몇 푼 된다고
(됐어요, 하나로도 족해요 제 몸은)

간도 한편
좌엽 하나 팔았다면서?
(우엽도 있고 약도 있고
마음 가꾸는 데는 하나로도 충분해요)

허파도 둘이잖아?
그래요 됐어요!
(영혼이 너무 무거워요
제 영혼부터 잘라 팔아야겠어요)

그래 무엇이 그리 어렵더냐?
가난국에 사는 게

(자본주의에서는 몸 하나도 부자예요

자르면 다 돈이고요 원하는 게 무어예요?)

(1998. 12. 26.)

인류청소부 - 생명의 노래 · 26

(원자로 단상 · 1)

고리 원자로 1호기는 가동 수명 만 30년이
되어 발전을 멈췄다가 보수를 마치고 당국과
한전과 주민과 합의하에 재가동되고 있다

고리, 월성, 울진, 영광
해안선 굽이굽이 1호기, 2호기, 3호기
우리네도 원자로가 그리 많다던데
전기는 다 원자력 발전이라던데
아마 없겠지? 체르노빌 비극은

노심,[1] 반사체,[2] 차폐체[3]
모두 불덩어리들뿐인데
차갑게 냉각은 잘 되고
없을 거야? 노심 녹아 폭발하는 일은
절대 절대로!

핵은 쌀이었다가
지구전멸의 대재앙도 된다던데
기계를 믿다가 임계치를 치고 올라
원자탄으로 터지지는 않겠지? 정말로

녹슨 원자로가
다시 가동을 시작했다던데
믿어도 될는지?
헌 과학이 인류를 청소한다던데
인류를 청소하는 그게 바로 원자로라던데

(2007. 11. 25.)

---

1. 노심(爐心) : 원자로의 심장 시스템.

2. 반사체(反射體) : 노심 발생 중성자를 내부로 반사시키는 시스템.

3. 차폐체(遮蔽體 shielding system) : 방사능 차단 시스템.

*고리원전 1호기 : 1977년 6월 19일 가동 개시.

누가 사해死海의 조개탕을 맛보는가? - 생명의 노래 · 41

1

황해의 생어물은 맛은 있는데
그 맛은 중금속의 무거운 맛이고
싱싱한 것 같은데 벤젠 느꺼운 석유기름 맛이다

독립군의 젖줄이던 송화강이나 아무르 강[1]에
들려도 생선 맛은 수은 맛, 탕은 오싹오싹
소름 솟는 휘발성 강한 아세톤에 중유 맛이다

2

세계의 공장이 너나없이 중국에 들어선 후 대륙의 물은 사약이고 마시면 세상을 하직하는 황토고름수다 내륙을 휘갈기고 강모롱이 굽이칠 때마다 덮치는 산업오폐수 생활쓰레기가 황해에 높은 난지도를 만든다 장강폐수, 황하금속, 요하[2]똥물, 해하[3]농약! 해변에는 벌써 한 길 두 길 납, 카드뮴, 수은이 쌓이고 강둑을 넘실거리는 살충제, 살균제 무차별 뿌려대는 농약, 방사능 폐기물이 오염산을 만든다 내륙보다 먼저 진동하는 똥내, 물 썩는 악취, 더워만 가는 온도 상승에 물고기는 벌써 고향을 등지고 이민을 갔다. 떼놈들의 만만디[4] 산업화는 간

곳 없고, 맹렬한 지구화만 계속되는 쓰레기국 중화인민대국에서는 이제 호흡기장애, 실명, 신경마비로 이어지고 그들의 핵 자랑과 조급한 서울의 과소비, 한강오폐수까지 달려들어 황해의 생목을 비틀고 있다 죽어라 어서 죽어! 黃海死海 死海黃海 萬歲萬歲! 萬萬歲!

3

사해死海의 조개탕 맛은
그런 대로 맛은 있는데, 톡 쏘는
방사능 무거운 맛이 그 첫술 맛이고
끝 맛은 돌이킬 수 없는 죽음맛이다

(『시와정신』 23호, 2008. 봄.)

---

1. 아무르(Amur) 강 : 중국명 흑룡강, 만주와 시베리아를 거쳐 하바로프스크에서 북으로 흐름.
2. 요하遼河 : 만주와 내몽골에서 발원하여 영구(營口)를 거쳐 발해만으로 유입되는 강.
3. 해하海河 : 하북성의 백하, 대청하 등이 천진(天津)에서 합류 발해만으로 유입되는 강.
4. 만만디[慢慢的]—천천히.

5. 나는 늘 희망 쪽에 선다.

반가운 이, 회색 옷의 그 - 생명의 노래 · 44

낯선 침묵이 서성이는 아파트
내 집 같지 않은 내 집이다

어정쩡- 서 있는 날 보고
환히 유리창을 열어 주는 커튼
빨래 하나가
이쪽을 하얗게 건너다본다

이승의 나를 뚫어지게
죽음같이 뚫어지게

올 사람도 없는데, 밖에서
투명한 열쇠 소리가 난다
회색 옷의 그가 오는 게
그렇게 반갑다

가슴도 내려앉지 않고

(1995. 9. 28.)

별유천지別有天地 아파트

이사 가요 아버지!
28평이 뭐예요
모두를 안 것 같은
천근 같은 오랜 침묵이 흘렀다

너의 집 몇 평이니?
28평!
애걔걔, 그게 집이냐?
강아지 집이지
가봐, 너랑은 이제 안 놀아!

속속들이 다 알고 있는
무거운 침묵이 비극같이 흘렀다
부서져라 문을 처닫고
흐느끼는 우리 집 짱구 녀석, 그가
훌쩍이는 게 괜히 불쾌하다

짱구야! 재물복은 다 텄다
못난 애비니 다음부터는 그래라
우리 집은 아파트가 열 채에다
궁궐 같은 전원주택도 있고
충청도 땅이 모두 우리 꺼라고

(『시와시학』 42호, 2001. 여름.)

얼 굴 - 생명의 노래 · 19

(헌화가 · 1)

넉넉한 이마에
서글서글한 눈매
흠뻑 빠질 것 같은
모나리자 성형이라
가산점 100점

갸름한 얼굴에
오뚝한 콧날
눈물이 날 것 같은
빼어난 비너스 성형이라
떡 하나 더

은빛 치아에
달빛 날 볼
판사도 선생님도
시청자 여러분도

성형미인에

만점 팍팍!

(나라의 안녕 질서를 위해

성형미인들만 데모합시다)

(1994. 9. 8.)

날개 잃은 아빠 - 생명의 노래 · 28

1

방 안 가득 널브러진 빨랫감
마시다 저 혼자 지쳐 쓰러지는 소주병
잔 옆엔 곰팡 난 면발
면발 옆에 유서
"생활비 부쳤다 잘들 있어라"

2

눈물의 그늘 짙게 드리운
표백된 외로움
얘들아! 엄마 말 잘 듣고
공부 열심히 하고, 건 · 강‥하…고….
우뚝한! 세계인이 되거라
말끝을 흐리며 흔들던
기러기, 손도 접고
공항을 뒤돌아서는 아빠

그때가 가족이란 이승잔치의 끝이었지!

3

어느 날
공기처럼 가벼워진 생명의 무게로
봐라, 세상아!
날개 잃은 기러기 아빠가 가신다
벽제 상공 하늘가 정거장에
잠시 서 계시다
그가 가신다

(2006. 1. 20.)

너는 지금 어디 있느냐? - 생명의 노래 · 21

(9 · 11 4주년에)

1

출근길에

비극 쪽으로 돌아눕는 쌍둥이 빌딩

절망을 움켜쥐고 쩔쩔매는 미국인들

뉴욕 하늘에다 소방관들은 물을 뿌리고

시체를 끄집어내고

땀으로 명부에 걸 명패를 씻는다

2

이념과 종교와 서로 색 다른 영혼들이

그림같이 아름답게 인사 나누던 N.Y.

그 Ground Zero

을씨년스런 철골무덤 앞

마지막 남편을 찾는 너의 모습

그리고 나의 모습

여보!

3

불길 피해 뛰어내리는

110층

까마득한 공중의 가랑잎들

버릴 수 없는 목숨을 버리는

한 잎, 두 잎 쌓이는 영혼들

쿵! 쿵! 쿵!

지구를 울리는 소리

얼마나 더 내가 죽어야

21세기가 저물까?

(2005. 11. 1.)

우리 서로 운수 좋은 날 - 생명의 노래 · 13

트레일러 앞에서 끽---
죽음 쪽으로 급히 꺾는 택시!
사람마다 닥쳐올 비극에
휴지처럼 구겨질 것 같은
현재를
(우리는 외마디 비명으로 채워야 한다)

이 새끼 너 쥐포 되고 싶어
네 목숨 몇 근이야!
이 썅놈아!
내 너 개고기 값 치러 줄까?
(살고 싶거든 됐다 됐으니 조용히 꺼지라구)

브레이크에서 다시 브레이크로
마찰로 긋는 긴 타이어 자국
수많은 별의 시체를 넘고

순간을 저미고
사선 앞에서 악을 악을 쓰며
(우리는 우리를 서로 욕해야 한다)

찢어지지도 않은 눈초리를
더 길게 찢고
오랫동안 눈을 흘기며
무게없는 생명에 근수를 매기고
(우리는 죽지 않고 버텨야 한다
살아가는 날마다 마다)

(2004. 11. 25.)

엘리베이터 사용 수칙 - 생명의 노래 · 43

저는요, 저는요
백층도 좋고 이백층도 좋고
사람을 낑겨 넣고
끌고 다니는 놈입니다 목을 매
무식하게

극좌로 쏠리든 극우로 쏠리든
전 상관하지 않습니다
스위치를 넣고
심하게 요동치거든
어디서든 중심, 생의 중심에 서세요

돈이 많든 적든
권력이 있든 없든
생벼락을 맞는 건 책임지지 않습니다
점대칭도 좋고 선대칭도 좋고

삶의 균형을 잡으세요

저는 눈치도 없고
싸가지도 없는 놈입니다
사랑싸움을 했든
칼부림을 했든 전 모릅니다
왕창 한꺼번에 밀어 넣고
천당 지옥을 오르내리기만 합니다

몰려들어
로프가 끊어지든 말든
나락까지 떨어져 죽든 말든
단지 시체를 나르는 저는
문명의 한 관짝일 뿐입니다

(1994. 4. 24.)

신공무도하가新公無渡河歌 - 생명의 노래 · 18

건너지 말랬지 그대 공무도하公無渡河[1]
여옥麗玉의 공경도하公竟渡河 슬픈 노래가
중국의 옛 책 고금주古今注[2]에 실렸다고
그 서정이 꼭 초楚나라 굴원屈原[3]과 닮았다고
즈의 나라 중국 노래라며 우리 문학을 강탈해 가더니

고구려의 기상이 넘치는 흥과 춤이
은하 앞마당같이 펼쳐지는 무용총
그 무덤이 즈의 땅에 있다며, 즈의 것이라며
뼈마디 깊게 새겨 넣은 우리 족보까지 훔쳐 가더니

때맞춰 금은보화 열 수레, 천 수레
조공을 바쳤다고, 왕세자, 세손, 후, 빈까지
허리 굽혀 책봉을 받았다고
고조선, 부여, 고구려, 발해, 백두산까지
천지의 물 한 방울까지, 몽땅

볶고 지져 한입에 털어 넣는 동북공정東北工程

지금도 식량, 전기, 석유, 생필의
마실 물 한 쪽박까지 원조하는 그들이라
낙랑 땅 평양은 중국의 제사성第四省
오성홍기五星紅旗가 꽂히는

마지막 대장정이
주석님 모택동의 뜻이라며
중화인민공화국中華人民共和國이 우리랑 한판 붙잔다
그래 좋다 붙자
네 놈들 떼놈 오랑캐들아!

(『서울교대 학보』 개교 60주년 기념호. 2006. 4. 17.)

---

1. 공무도하가 : 여옥이 지은 고조선의 노래.
2. 고금주 : 진晉나라의 최표崔豹가 지은 책, 〈공무도하가〉가 한역되어 전함.
3. 굴원(屈原, 343?~277? B.C.) : 전국시대戰國時代 초楚의 충신 초사楚辭의 대표 작가 『사기史記』에 〈이소離騷〉와 절명시 〈회부사懷父辭〉가 전함.

슬픔은 강물처럼 - 생명의 노래 · 48

식민의 달빛 정책은

핏덩이 철환吳哲煥이를

마쓰시마 데쓰오松島鐵夫

일본 이름으로 짓는 일입니다

식민의 햇빛 개화는

피부와 마음을 내선일체內鮮一體

이른 봄 사쿠라 일본색으로

한마음, 한색, 섬 색으로

깨끗하게 색칠하는 일이고

대동아大東亞

식민 그 꿈의 대대완성은

배내 울음부터

꿈쪽 빛깔

덴노헤이카반자이天皇陛下萬歲! 그 하나로

돌려놓기 위해

조선의 불알을 바르는 일입니다

(2003. 2. 22.)

누구든지 오셔요 하늘소파로 - 생명의 노래 · 23

(이상갑 '중력장' 조각전에)

결 고운 한 남자가
소성 강한 화강암에
무늬결 빛금 따라 끌질을 한다
험한 세상 쉬어 갈
꿈마당 하나 만들려

물결무늬 투박한 남포석을 떠다
투명하고 당당한 빛탑
머리칼 휘날리는 오벨리스크를 세운다
허공 쪽으로 탕탕 망치질 몇
번, 세상 쪽으로 사포질 쓱쓱

산발한 지구중력을 걷어내고
재료 없이 핏줄 따라 짜 맞춘
마당가 하늘소파!
견고합니다

희망을 앞세우고
꿈마당으로 오세요!

이 작은 세상에 그리움처럼 슬픈
무명의 날개를 단 분
우주에 심장을 포개고 싶은 분은
별빛 따라 오세요! 편안한
마당가 이 하늘소파로

(2007. 10. 28.)

툭 떨어지는 '崇禮門' 현판 - 생명의 노래 · 47

(숭례문 · 1)

물끄러미
세상이 재가 되어
무너져 내리는 현실을 바라본다
"아아, 모두 무너져 내리네요
2층이 먼저, 1층이!,
반도의 슬픈 역사가"

새벽 2시
마지막 절규는 삼각산 그늘에 묻히고
타다 남은 절망은 남산 길을 떠돌다
잃어버린 소월 길을 걷다 헤매다
저마다 제 길들을 떠나는 아침
쓰러진 문 뻐숯 앞에 던지는
조화弔花 몇 송이

한 가닥 연기로

죽음은 무덤을 떠나고

남대문은 서울을 떠나고

빈 짐을 챙긴 허리 굽은 역사는

역사 밖으로 나그네 길을 떠나간다

(2008. 2. 24.)

해 뜨기 전에 남대문은 재로서 완성된다 - 생명의 노래 · 46 (숭례문 · 2)

흐
느낌
소리 들린다
활짝 가슴을 열어 주던 남대문이 무너지고 다신 열지 못할
대문에 대들보를 들어 올리려는 사람들, 흐르는 눈물에 단청
숭례꽃을 피우려는 사람들을 바라본다 타다 남은 서까래에
새벽은　　　　　펄럭이
고 밤새　　　　　한 역사
는 불기　　　　　둥과 함
께 쓰러진다 큰 태평로에서, 곧게 세종로로, 힘차게 광화문으로
뻗친 긴 숨결 한 역사의 등줄기 자존심은 슬픔 꽃으로, 뚝! 뚝!
뿌리마저 재로 무너진다 조선이 타고 대한제국이 불타고 5시간
의 불길　　　　　에 민국
이 찬란　　　　　했던 대
한민국　　　　　이 연기로
사라진다 있으려니 숭례문이 있으려니, 있었던 빈자리에 꽃다발
을 던지고 막아도 틀어막아도 고막 찢는 아픈 비명소리 들린다 소
복한 여인들의 서러움 반짝이는 구슬픈 흐느낌 소리 "숭례문아,
너 거기 그냥 그렇게 서 있거라 동해물과 백두산이 마르고 닳도록
그냥 그렇게!"

(2008. 2. 24.)

또 다른 고향 - 생명의 노래 · 56

(태안 백서, 2007년)

우리는 코 막고 태안에 가고
석유고기 먹으려 문 닫긴 횟집에 들른다
인적이 끊긴 흑사장에는
떠난 가마우지만 울고
이윽고 봄이 오면
여기가 내 고향이라고 너희들을 부르리라

볕 좋은 서해안 여름이 오면
줄지 않는 현대OIL 걷어내고
떠난 태안 갈매기도 손짓하리라
터질 듯 고요한 마음 거리에
그림 같은 해수욕장 개장해 놓고
그때 그 텐트 받쳐 놓고 내 그대 기다리리라

낙지 대신 흑거미만 기는 수족관
주검으로 가득 채운 수산시장

미래를 까맣게 채웠던 기름덩이
마음 속속까지 닦아내고 씻어내고
펄펄 튀는 추억의 활어로 시장 그득 채우면
친구야! 그대 잊지 않고 다시 찾겠지?

백白인지 흑黑인지도 모르는
삼성의 예인선아, 허베이 스피리트야!
내 기름군단 다 몰아내면
다시는
뱃고동소리 슬픈 추억을 만들지 마라
섬뜩한 타르
검은 오일볼 다시 뒤덮이지 않게

(유출 100일, 2008. 3. 16.)

* 2007. 12. 7. 오전 7:30 삼성중공업 1만3천 톤급 예인선과 홍콩 선적 허베이 스피리트(Herbei spirit) 호가 충돌, 현대 오일 1만 2547㎘ 유출됨.

|跋文|

생명과 평화, 희망의 시학

김재홍

(문학평론가 · 경희대 교수)

온 세상에 낙화가 하얗게 휘날린다

쌓여서 어쩌자는 건가

무정한 봄이 물오르기도 전에 떠나간다

사연은 하루저녁이면 다 다

엮는다고 다 역사이고 산다고 다 삶인가

잎순보다 먼저 떠나는 꽃잎이 오늘따라 고웁다

소문 없이 왔다가 가는 것이 봄이런가?

더불어 왔다가 가는 게 인생인가?

꽃들이 일제히 떠나는 게 추억 속의 영화 같다

여린 꽃잎 떨어져 흐르는 게

어린 심청 마음만 같아

소식 없이 떠나는 봄이 아리다

—오철환, 「낙화落花」 전문

1. 오철환의 청년정신을 위하여

누가 "사람들 사이에 섬이 있다/ 그 섬에 가고 싶다"(정현종, 「섬」)라고 하여 서로 단절되고 소외된 채로 현대를 살아가는 오늘날 우리 삶의 모습을 그럴듯하게 노래했던가? 또 누가 "어깨 나란히 산길 가다가 문득 바위틈에 물든 珊瑚단풍 보고 너는 우정이라 했어라. 어느덧 우정의 잎 지고 모조리 지고, 희끗희끗 山門에 솔가린 양 날리는 눈발, 넌 또 뭐라 할 것인가? 저 흩날리는 눈발을, 나 또한…"(박용래, 「山門에서」)이라고 노래하며 그러한 불연속의 삶, 단절과 소외로서의 실존적 삶 속에서 진정한 만남, 우정의 소중함을 아름답게 노래했던가.

그런 생각을 하노라면 내게 소중하게 떠오르는 한 사람이 있다. 서울교육대 오철환 교수가 바로 그분이다. 나고 자란 곳이 다르고 공부한 곳과 내용이 다르면서도 20년 가까운 세월을 필자가 어렵사리 시작한 계간시지 『시와시학』을 함께 고뇌하고 도우면서 아름다운 도반으로 지내고 있는 분이기 때문이다.

그렇다, 그분을 생각하면 '부세청연浮世淸緣'과 그 짝으로서 '선연선과善緣善果'라는 말이 자연스레 떠오르곤 한다. 헛된 세상에서 맑은 인연으로 만나 오랜 세월 뜻과 정을 변치 않고 풍상세월을 서로 함께 살아왔으니 아름다운 인연이고, 지금도 또한 서로 격려하고 위로하며 진정한 마음의 벗이자 평생 친구로 살아가고 있으니 그야말로 선연선과의 모습이 아니겠는가?

비교적 늦은 나이에 등단했음에도 성실하고 진지하게 또 겸허히 노력하여 연전에 화갑 때 비로소 첫 시집 『엮는다고 역사이고 산다고 다 삶인가』를 상재함으로써 어떤 것이 바람직한 삶이고, 어떻게 사는 것이 과연 가치 있는 삶인가 하는 문제를 천착했던 그분이 이번에는 어느새 정년을 맞이하여 기념시집 『눈물바위 틈에 꽃이 핀다』를 펴낸다고 하니 새삼 그 인연이 소중하고 그 열정이 아름답게만 생각되어 소회가 적지 아니하다.

자연 연령이 60이 넘고 평생 봉직하던 일터에서 물러나면 으레 추레해지는 것이 보통 사람의 모습일 터인데 갑년에 첫 시집을 내고 이제 정년에 다시 제2시집을 펴내는 오시인의 모습이야말로 노년을 아름답게 맞이하기 시작하는 것이 아니고 그 무엇이겠는가?

이에 아름다운 노년을 맞이하면서 새로이 청년시인으로 출발하는 오철환 교수의 건강한 날들, 보람 있는 나날을 축수하는 뜻으로 간략히 그 시세계를 살펴보기로 한다.

2. 역사의 모순, 사회의 부조리를 넘어서

첫 시집에서 필자는 오시인의 시세계를 역사의 폭력성 고발, 사회적 모순과 부조리 비판, 인간의 야수성과 인간회복 갈망, 생태시학 등으로 요약하여 논의해 본 바 있다. 이러한 첫 시집의 중심 시세계는 이번 제2시집에서도 지속적으로 제시된다. 그의 삶이 전개되고 그의 시가 잉태되어 출산된 시기가 참으로 험난한 이 땅의 역사적 전환기와 맞물려 있기에 그것은 자연스런 일이고 어쩌면 당위적인 일이기까지 하다고 하겠다. 하기야 저 험악했던 70~80년대에 비하면 오늘 21세기 벽두에는 여러 상황들이 많이 나아진 것이 사실임은 재삼 말할 필요가 없겠으나 아직도 분단모순, 계급모순, 민족모순, 지역모순 등으로 인한 이 땅의 불합리한 상황과 부조리한 여건들은 그대로 지속되고 있다. 그런 점에서 이 땅에서 민주화운동으로서 4 · 19혁명은 아직도 진행 중인 것이기에 그의 시도 진행 중일 수밖에 없음이 자명한 이치이다.

이 점에서 분단모순과 민족모순, 지역모순의 상황은 더욱 날카롭게 파헤쳐진다. 그만큼 민주화 상황이 전반적으로 호전됐음에도 불구하고 근본적인 민족모순, 계급모순은 해결되지 못한 상황을 반증하는 사실이 되겠다.

사철 궂은비만 내리는
당뇨에 고혈압인 반도나라!
끊어질 듯 아픈 허리
오늘도 칼금 그어대고
난 이쪽 넌 저쪽

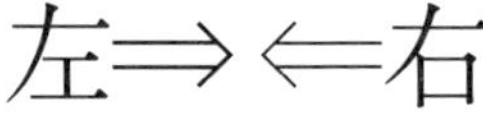

너 다르고 나 다른

그곳에는

어느 낡은 민주주의의

조종이 울립니다

—「우향우 좌향좌」 전문

지난 최근세사 100년 이래 누적돼 온 이 땅의 민족모순, 계급모순, 그리고 분단모순과 지역모순은 이 한 편의 시에서도 적나라하게 제시된다. 이 땅의 상황은 아직도 사철 궂은 비가 내리는 모습이고, 당뇨병과 고혈압에 신음하고 있는 형국으로 인식되고 있는 것이다. 그러면서 "오늘도 칼금 그어대고/ 난 이쪽 넌 저쪽// *左*⇒ *右*// 너 다르고 나 다른" 과 같이 온갖 대항논리와 적개심의 법칙이 횡행하는 현실상이 생생하게 묘파됨으로써 불안과 절망의 그림자를 더욱 깊이 드리우게 된다. 어느새 '내편 아니면 적' 이라고 하는 극단적인 대항논리와 투쟁논리가 오늘 우리의 삶을 지배하고 있음을 날카롭게 풍자하고 비판한 내용이라고 하겠다. 「우향우 좌향좌」라는 제목 자체가 이처럼 극단화해 가고 양극화해 가는 모습을 비판함으로써 이 땅에서 그러한 대항논리와 투쟁논리, 그리고 적개심의 극복이 진정한 민주주의 실현을 위해 얼마나 긴요한 선결요건이고 핵심관건인가를 제시한 것으로 해석된다는 점에서 그러하다.

바로 이 시 속에는 『엮는다고 다 역사이고 산다고 다 삶인가』라는 첫 시집의 핵심 명제로서 진정한 역사의 시대가 바로 진정한 인간의 시대이고, 그것이 바로 진정한 문학의 시대, 시의 시대일 수 있음을 강조하는 속뜻이 담겨져 있음은 물론이다.

3. 생명 존중, 사랑과 평화의 철학

시집에는 생명적인 삶을 위협하는 온갖 모순과 부조리에 대한 저항과 비판으로서 반자본, 반문명, 반이념, 반집단, 반생명적인 모든 폭력들에 대한 부정과 비판, 저항과 투쟁의 정신을 적나라하게 전개하고 있어 관심을 환기한다. 그러나 이번 시집에는 그러한 거대담론 자체를 내세우거나 강조하는 데 중점을 두기보다는 약한 것, 착한 것, 상처받은 것, 외롭고 쓸쓸한 것들에 대한 근원적 연민과 사랑에 더 중점을 둔다는 점에서 보다 생명, 사랑의 철학을 지향하는 특성을 보여준다. 주의 · 주장으로서 관념적인 거대담론, 이념지향성보다도 삶의 현장성, 구체성에 착목하여 생명의 소중함과 그 실천으로서 사랑과 평화를 강조하는 쪽으로 기울어져 가고 있음을 말해 준다고 하겠다.

① 주사기를 들이대면
예에 있어요 따뜻한 피 한 방울
목줄로 대답하는 모르모트

혈청이 필요하세요?
꽂으세요 주사바늘 쿡!
슬픈 체념의 눈길

어두운 실험실이 전 생애였던

그날 그 시간
쓰레기통으로 가기 전
저승길의 슬픈 눈빛 기도

(전임상을 위해
한 점 면역을 위해
죄 없는 단명이 제 숙명이었습니다)

장례식이 생략된
짧은 침묵 뒤
이승에서의 마지막 눈물인사
"인간들아! 잘 있어라"

—「모르모트를 위한 엘레지」 전문

② 티베트에
풍장 가는 길은
문성공주의 얘기
귀 따갑게 듣는 길이고

순례의 하늘 가는 길은

오체투지

깨진 무릎으로 기어가는

라싸 가는 길이다

윤회인 수레바퀴만 믿고

자벌레처럼

창포강을 건너는

순백의 무리들

만세소리 묻혀 가는 오늘은

인도로 떠나던

어린 달라이 라마의 망명행렬을

주민보다 더 많은 인민군人民軍들이

물끄러미 바라보고 있다

—「하늘 눈동자」 전문

인용시 ①에서 보듯이 그것은 아무런 불평이나 불만, 저항이나 투쟁도 벌이지 못하면서도 오로지 힘이 없기에 인간을 위해 세상에 단 하나뿐인 목숨을 바치고 떠나가는 모르모트를 추모하면서 세상에서 가장 소중한 것이 과연 무엇인가 하는 뼈아픈 반성과 통회를 보여주고 있는 것이다. "어두운 실험실이 전 생애였던/그날 그 시간/ 쓰레기통으로 가기 전/ 저승길의 슬픈 눈빛 기도// (전임상을 위해// 한 점 면역을 위해// 죄없는 단명이 제 숙명이었습니다)"라는 구절 속에는 약한 것, 착한 것, 지배당하는 것, 상처받은 생명들에 대한 애달픈 동정과 연민을 노래하고 있는 것으로 여겨지기 때문이다.

시 ②에서도 마찬가지다. 가진 자, 힘센 자, 이긴 자들에 짓눌려 슬프게 살아가는 역사의 소외자들, 상처받은 자들에 대한 관심과 애정이 주요한 관심사로 제시된다. "인도로 떠나던 / 어린 달라이 라마의 망명행렬을/ 주민보다 더 많은 인민군들이/ 물끄러미 바라보고 있다"는 구절 속에는 힘의 논리, 투쟁과 지배의 논리 그리고 야만과 폭력이 지배하는 시대에 대한 저항의식과 함께 약자에 대한 연민, 생명에 대한 안타까운 옹호의 정신이 펼쳐지고 있는 것으로 해석되기 때문이다.

실상 이번 시집 속의 「사막에 검은 비는 내리고」「버리고 싶은 유산」「엄마 찾아 삼만리」「무너미 남촌에는」 등 수많은 시편들에는 현실적인 사회적 역사적 모순이나 자본, 문명의 폭력성에 대한 비판과 저항 그 자체보다도 생명과 사랑, 그리고 평화와 희망에 대한 갈망과 기도가 샘물처럼 솟아나고 있다는 점에서 시인의 시세계가 그러한 생명과 사랑의 철학, 그리고 평화사상에 대한 지향성으로 전개되고 있음을 알아볼 수 있게 해준다. 그만큼 시인의 시세계가 현상의 세계를 바라보면서도 본질의 세계, 근원의 세계에 대한 응시와 성찰에 밑바탕을 두고 있음을 확인할 수 있게 해준다.

4. 생명 사랑, 평화와 희망의 시학을 향하여

어떤 일에 있어 정년이란 무엇인가? 그것은 하던 일, 직업으로부터 정해진 기간이 경과되어 그 직을 그만두는 일을 말한다. 말 그대로 stop이고, 퇴임이면서 동시에 구속으로부터의 해방 또는 자유로의 귀환을 의미한다. 그러기에 교원에게, 시인에게 정년은 더 큰 의미를 지닌다. 그것은 먹고사는 일로서의 직업, 즉 교직을 그만두고 쉬는 일이면서 동시에 새로운 출발을 의미하는 것이기 때문이다. 따라서 오철환 시인은 이제 정년을 맞이하는 지금 시인으로서 새로운 인생을 설계하고 새 출발을 기약해야만 하리라. 비록 먹고사는 일로서의 직업, 교단을 떠나지만 하고자 하는 근원적인 일, 즉 본업으로서 영혼의 창조 작업, 시작의 길은 이제부터 새롭게 시작돼야 할 것이기 때문이다. 모든 형식적인 구속, 관습적인 규범을 깨뜨리고 본원적인 나, 참나로서 본질적인 삶을 탐구하고 새로운 세계를 창조해 나아가야 한다는 뜻이 되겠다. 본원적인 나란 무엇이고, 본질가치로서 참나의 길은 과연 무엇인가 하는데 대한 새로운 탐구의 길, 순례와 구도의 역정을 떠나야 한다는 말이다. 해마다 여름방학이면 순례차 떠나던 서역 탐사여행을 이젠 내면의 구도여행으로 확대심화해 감으로써 대자유인으로서의 나, 참 창조인으로서 시인의 길을 새롭게 엮어 가는 데서 아름다운 노년 시대가 본격적으로 펼쳐질 것으로 기대되기 때문이다.

이 점에서 다음 시는 하나의 시사점 또는 방향성을 암시해 주는 것으로 여겨진다.

공기보다 가벼운 솔씨
절벽 틈서리에 날아들면

민대머리 핵바위는 푸석푸석
몸이 갈라지고 가랭이 틈 벌어지고

매끄럽고 뾰족한 촉수를 들이밀면
분자와 분자 사이
그 불가능의 돌 사이가 벌어지고
바람 불고 싹이 튼다

실뿌리
허공에 단단히 옭매두고
바람에 매달려 사는
절벽 소나무 한 그루

솔가지 다 곰삭고 부러져도
남아 있는 한 손으로
무거운 하늘을
한 자락 눈물 손차양으로
떠받칩니다

—「눈물 틈에 꽃이 핀다」 전문

한마디로 삶이란, 생명이란 무엇이고 시란 또 무엇인가? 한마디로 그것을 하늘의 눈동자를 들여다보는 일이고, 바위틈에 눈물꽃을 피우는 일이라고 말해 볼 수는 없을 것인가?

그렇다! 온갖 지상의 삶, 현실적인 삶이란 바위가 상징하는 광물성의 시대, 폭력의 시대를 살아가는 일인 데 비해 시를 쓰는 일이란 그 고통과 절망, 인내 속에서 하늘의 척도로는 하늘의 눈동자를 들여다보는 일이고, 지상의 척도로는 땅에 눈물꽃을 피우는 일이다. 온갖 인간의 굴레와 현실의 감옥살이에 절망하면서도 인내하고 극복함으로써 '늘 희망 쪽에 서서' 삶과 생명을 사랑하고 평화를 바라보는 일이 아닐 수 없다는 뜻이다. 그러기에 시 「눈물 틈에 꽃이 핀다」는 의미심장한 시가 씌어질 수밖에 없으리라. 따라서 이 시는 시인 오철환이 쓴 것이 아니라 그의 삶과 시가 피워 올린 한 송이 시의 꽃으로 해석될 수 있겠다.

거듭 오시인의 생애와 시의 새 출발을 축하하면서 앞날의 건강과 행복을 축수한다.

술맛 시맛

확률과 수식으로 해석되지 않는
세상의 가난한 추억들이
시 맛도 모르는
저를 술 취하듯 글 취하게 합니다

돌아가신 부모님 영전에
세월길 같이 걷는 처에게
고마움 전하며

2008년 늦가을
오철환

시인 오철환

충남 서산 출생
1996년 『시와시학』으로 등단
2003년 시집 『엮는다고 역사이고 산다고 다 삶인가』
현재 서울교대 교수

눈물바위 틈에 꽃이 핀다

지은이 | 오철환
펴낸이 | 설보혜
펴낸곳 | Poetics 시학
1판 1쇄 | 2008년 10월 10일
출판등록 | 2003년 4월 3일
주소 | 서울 종로구 명륜동1가 42
전화 | (02) 744-0110
FAX | (02) 3672-2674

값 10,000원

ISBN 978-89-91914-52-0 03810

눈물 바위 틈에 꽃이 피었다